BURGUESAS Y PROLETARIAS:
apuntes sobre mujeres y clase social
una aproximación contemporánea
entre marxismo y feminismo

Sara López Ruiz

Título:
Burguesas y proletarias. Apuntes sobre mujeres y clase social.
Una aproximación contemporánea entre marxismo y feminismo.
Autora:
Sara López Ruiz
Plataforma editorial:
Lulu | lulu.com

ISBN: 978-1-4475-1143-4

El motor de la historia es la lucha de clases
KARL MARX

Las mujeres sostienen la mitad del cielo, porque con la otra mano sostienen la mitad del mundo
MAO TSE-TUNG

Sobre este libro

La idea de este ensayo surge como necesidad de dar respuesta, ofrecer un aporte y (quizá) llegar a un consenso entre los debates surgidos –tanto en la actualidad, como de manera histórica– en el seno de los movimientos marxista y feminista.

En particular, la obra está dedicada a poner en valor cuestiones que afectan a las mujeres en una comparativa entre clase y sexo: sus diferencias, pero también similitudes. Es por ello que, ajustándome a la temática, van a ser las protagonistas únicas; no hablando en este trabajo de las particularidades que inciden en una cotidianidad capitalista y patriarcal compartida con los hombres y las relaciones de poder que de ello se derivan: tanto la camaradería y la explotación asalariada que nos son comunes, como la violencia originada de acuerdo a una socialización machista como reducto de la tradición burguesa que impregna a todos los varones, con independencia de su clase, dando lugar a las distintas agresiones que se imprimen sobre las mujeres y sus cuerpos al ser interiorizada y en consecuencia reproducida, comprendiendo desde la mercantilización de la mitad de la humanidad, a su hipersexualización, abuso, violación, o la llamada *violencia de género*[1] como un tipo específico de ataque a razón de sexo.

No obstante, para poder profundizar en estas particularidades (y otras muchas relacionadas), al final del libro los y las lectoras encontrarán una extensa bibliografía que espero sea de su interés. Ahora, adentrándonos en el tema que nos ocupa, deseo que disfruten conmigo acompañándome en la lectura de lo que tienen entre sus manos: que les sirva para reflexionar, pero también para llegar a lugares comunes que están por explorar.

---

1 Personalmente y desde la tradición feminista, prefiero hablar de violencia machista para no dejar que el término *género* sustituya a *sexo*; sin embargo, unir las palabras violencia y género también nos permite dilucidar que éste, al contrario de lo que se pretende en la actualidad, no resulta una opción a autodeterminar puesto que es una herramienta por la que se vive violencia al ser impuesto en un contexto donde la cultura patriarcal le otorga al hombre un rol dominante sobre la mujer.

Introducción

Decía Ana Patricia Botín *-presidenta del Banco Santander y heredera del mismo tras el fallecimiento de su padre en el año 2014, el también hasta entonces banquero, e hijo, bisnieto, nieto, sobrino y hermano de banqueros, el marqués Emilio Botín-* en la Junta General de Accionistas celebrada el pasado 2020 que «ser feminista es bueno para el negocio». Pero ¿qué significa esto exactamente?

> *– «En cuanto a si soy feminista: lo soy, porque creo en la igualdad de oportunidades y quiero decir que esto no es solo lo correcto, sino que es bueno para el negocio[2]».*

Podríamos pensar que las declaraciones de la banquera (que no dejan a nadie indiferente por su magnitud) están enmarcadas, en síntesis, en aquella frase de la escritora Maya Angelou que dice «*soy feminista: he sido mujer durante mucho tiempo y sería una estupidez no estar en mi propio bando*»... aunque estaríamos pecando de ingenuidad si así fuese, dado que sus palabras están atravesadas por algo crucial y

---

2 Extracto recogido en el portal digital de actualidad y opinión Diario16, 29/10/2020: https://diario16.com/ana-patricia-botin-el-feminismo-es-bueno-para-el-negocio/

que en numerosas ocasiones pasa desapercibido: no únicamente su posición en cuanto a su casta sexual, sino su **clase social**.

Esta afirmación suscita, pues, un aluvión de reflexiones: ¿es el feminismo un negocio? ¿Es algo bueno para el feminismo que una banquera se considere feminista (o puede serlo realmente)? ¿Cómo casa esta declaración en la práctica, donde la actividad bancaria, directa o indirectamente, está relacionada con el empobrecimiento y el ejercicio de poder sobre otras mujeres (y hombres) más vulnerables (por ejemplo, en desahucios)? ¿Una burguesa puede sufrir machismo, aunque parta de una posición de clase con ventaja? ¿Necesita verdaderamente considerarse feminista, o es una forma de oportunismo y despolitización de los movimientos sociales con un significado más combativo, puesto que su posición de clase ya la «libera» de la mayor parte de situaciones que puede vivir (y vive) una mujer común, sin un poder adquisitivo como el suyo?

En primer lugar, podemos decir que sin perspectiva ni análisis corremos el riesgo de no contextualizar los espacios de lucha social ni las opresiones ni discriminaciones que nos afectan de una forma adecuada, dejando al margen variables imprescindibles que terminan aisladas en favor de identidades políticas que obvian factores como la clase, y en consecuencia, la estructura que les rodea.

– «*Para mí ser feminista, a día de hoy, es apoyar la igualdad de oportunidades. Yo lo que digo es "tú mira lo que he hecho e intenta juzgarme por ello. No por quién soy, ni si soy de raza blanca o negra o si soy hombre o mujer"*».

Siguiendo los pensamientos de Ana Patricia, de forma superficial podríamos encuadrar y describir su línea ideológica en cuanto al *feminismo liberal*; sin embargo al llamarlo como tal, al vincularlo con ese nombre [feminismo] y no asociarlo respecto a una ideología neoliberal o ideología capitalista a secas (especialmente por la posición que representa debido a su status), estamos aceptando que (1) existen muchos «feminismos[3]», en plural[4] y (2) tan feminista

---

3 Vale la pena destacar que las diferentes aportaciones hechas desde distintas tradiciones y tendencias (lesbianismo, cuestión racial, socialismo) enriquecen la visión global del feminismo; pero si en su tesis no tiene el horizonte de la abolición (de la propiedad privada, de la explotación sexual, del género), no se puede llamar feminismo.

4 Irónicamente, pese a la amplitud del término, lo que se hace es individualizar el movimiento feminista dando lugar a la creación de, prácticamente, un feminismo por cada mujer; adaptado éste al pensamiento y los gustos de cada cual, sin importar que lo que se defienda sea incompatible con o suponga la explotación de otras mujeres en posiciones más vulnerables (como es abogar por la legalización de la prostitución o mal llamada *trabajo sexual*, género, etcétera), otorgándole incluso un carácter liberal a la frase

(o legítima) es la explotación de mujeres vulnerables, existiendo una jerarquía de poder entre las mismas (relación de jefas/trabajadoras, propietarias/criadas) como la búsqueda de su emancipación social. En definitiva, un popurrí sin acuerdo teórico donde «todo vale»; un movimiento cuyo potencial de transformación es reducido a cenizas para acoger de igual a igual y sin distinción alguna la presencia femenina al margen de su contexto, ya sea desde instituciones con un valor hegemónico como la Monarquía o Iglesia, a la unidad familiar obrera.

Sería estúpido, por tanto, dar de lado el seno en el que ha nacido la llamada *mujer burguesa* para equipararlo a las vivencias de una *mujer trabajadora*, sabiendo que su rol sigue estando diferenciado de un entorno popular, así como los recursos a los que ha podido acceder gracias a la meritocracia familiar; pero lo más importante, que sus intereses y preocupaciones al final del día, aunque sea mujer (y nada de esto obvia la violencia a la que se pueda enfrentar por sexo), se distancian de aquellas problemáticas que sufren las mujeres trabajadoras que son la mayoría, por eso la alianza al margen de

---

de Simone de Beauvoir *el feminismo es una forma de vivir individualmente y de luchar colectivamente*, quedándose, pues, en la primera parte como justificación a todo tipo de herramientas y ofensivas patriarcales asumidas como empoderantes.

la clase finalmente supone mejorar la igualdad de oportunidades (por arriba) mientras en la práctica no implica un cambio de raíz en las estructuras de dominación, dando igual que te explote un hombre que una mujer, porque ambos cuentan con la democratización del acceso a los puestos de poder (*capitalismo inclusivo*).

Son numerosos los debates existentes en torno al marxismo y feminismo –así como las diferencias o convergencias que hay entre ambos–, siendo un tema de estudio y discusión presente y recurrente a lo largo de las décadas: desde las autoras y cuadros clásicos, a intelectuales y ensayistas contemporáneos que intentan arrojar luz sobre la cuestión.

¿Es aquello que concierne a la lucha de clases *machista*? ¿Peca el movimiento feminista de un carácter interclasista? ¿Carece el marxismo de un análisis suficiente (o más profundo) respecto a las cuestiones específicas que atañen a las mujeres, como sexo? ¿Es el feminismo, como dicen, una lucha burguesa? ¿Son movimientos complementarios, o por el contrario son espacios irreconciliables?

Antes de nada, partamos de analizar cuál es el sujeto político de cada movimiento de liberación y sus fines, así como la estructura social a la que se dirige. El marxismo centra su estudio en el estado de la clase trabajadora dentro de la sociedad de clases en el marco en el que ésta se desarrolla (por ejemplo, el capitalismo en la actualidad, en su fase más avanzada): cómo los desposeídos forman un sujeto en sí mismo de acuerdo a su posición respecto a los medios de producción y las vindicaciones que de ello se derivan para conseguir su emancipación. Por consiguiente, su actor político son los y las obreras, hombres y mujeres que carecen de las herramientas necesarias y tienen que vender su fuerza de trabajo para poder sobrevivir en un mundo en el que coexiste a su vez una clase parasitaria que vive de los frutos de su esfuerzo, su tiempo y su trabajo. La consecuencia de esta liberación, a través de la abolición de la propiedad privada, las clases sociales y la socialización de los medios de producción vía dictadura del proletariado (una fase de transición hacia el mundo comunista donde el poder es arrebatado a la burguesía), es la emancipación de todos los trabajadores, y por consiguiente, de la humanidad al no quedar bajo una relación de explotación.

Por su parte, el feminismo entiende a *la mujer* como una clase que comparte en común un mismo sexo y por ello en las circunstancias que se nos presentan (la configuración del orden social en el que vivimos, construido a través de la mirada del hombre, los cuales se erigen como sujeto de reconocimiento en el que el acceso al poder, la potestad sobre la familia y el reparto de la riqueza se concentra en sus manos en detrimento –o explotación– de las mujeres: el *patriarcado*), existen reivindicaciones que son comunes, al margen de todo lo demás, puesto que somos sujetos atravesados por la cosificación de nuestro sexo y la apropiación de nuestra capacidad reproductiva en la sociedad, con las consecuencias que de ello se derivan (trabajo doméstico, rol secundario, el cuerpo femenino al servicio de la producción, perspectiva androcentrista que domina el relato social de los hechos).

Cuando hablamos de mujeres lo hacemos sin apellidos; no sólo no especificando procedencia, *mujeres blancas o negras, europeas o africanas*; sino tampoco haciendo referencia a la clase social, aunque quede marcada por ésta, pues hay problemáticas específicas de *las mujeres* que son compartidas a lo largo y ancho del mundo con el paso de las décadas a causa de su sexo común que no se entienden sin otro lenguaje.

La evolución del feminismo a través de sus olas, desde el movimiento sufragista a, en la actualidad, estar ante la irrupción de *la cuarta* haciendo frente a la ofensiva del género en continuación de la política neoliberal, tiene como sujeto político a las mujeres

9

por compartir haber nacido bajo un sexo en común y quedar significadas por la apropiación de su capacidad reproductiva que da lugar a *la creación del patriarcado* institucionalizando de forma política, económica, cultural y social ese poder como estructura que pone a la mujer al servicio del sistema productivo, entendiéndose no como un sujeto libre, sino como un elemento que forma parte de éste, del mercado y de su engranaje que permite hacerlo funcionar; aunque a su vez por determinaciones como la clase social, ubicación geográfica... todas estas cuestiones afecten de forma distinta, con sus propios matices, pero lo siga haciendo a fin de cuentas.

Pues bien, ¿qué es lo que compartimos y qué es lo que nos diferencia?

Capítulo I
Maternidad

> No se nace mujer, se llega a serlo.
> Ningún destino biológico, físico o económico define la figura que reviste en el seno de la sociedad la hembra humana; la civilización en conjunto es quien elabora ese producto intermedio entre el macho y el castrado al que se denomina como femenino.
>
> SIMONE DE BEAUVOIR, *El segundo sexo*

La maternidad para las mujeres a lo largo de la Historia ha oscilado entre la obligatoriedad y el castigo. Dadas las posibilidades que ofrece nacer con el sexo que cuenta con la (potencial) capacidad reproductiva que hace posible gestar la futura mano de obra –o los herederos en la sucesión de la riqueza familiar–, era implícito que viviendo en un contexto de relaciones de poder, las bases sobre las que se sustentan los sistemas capitalista y patriarcal iban a utilizar esta realidad, a través de su apropiación, para subyugar, relegar y esclavizar a las mujeres a su propia anatomía, construyendo su sino en sociedad. Claro está, este hecho –si bien emana de una realidad biológica que se utiliza como punto de partida– es creado, modificado y evolucionado a través de la cultura, por lo que su alcance y extensión –aunque dilatados y reforzados en el tiempo– son susceptibles de ser abolidos al ser un producto social y no innato ni radicado en el esencialismo.

En cuanto al significado de la maternidad como castigo, refiere a la consideración establecida sobre el embarazo, especialmente en lo que respecta a las mujeres jóvenes: en la cultura patriarcal, parece haber sido utilizado como un «correctivo» al sexo *precoz* o fallo de los métodos anticonceptivos, además de recaer el peso de la responsabilidad de forma (casi) unilateral y exclusiva en las mujeres, dejando en un plano secundario a los hombres: a falta de una educación sexual solvente, donde se aprenda sobre sexo de una forma didáctica y no simplemente a considerar el embarazo con disgusto, centrando toda la relación en términos de evitación y rechazo; y no de protección, conocimiento y seguridad, disfrutando de tu cuerpo, y no viéndolo con asco, ni reducido a términos puramente de concepción; se valora la gestación como algo que te *arruina* la vida, quedando marcada para siempre por ésta; un acontecimiento no deseado, particularmente en cuanto a las adolescentes de clase obrera que no disponen de acceso a recursos viviendo su sexualidad entre el miedo, la marginalidad y el desconocimiento, en términos de rechazo; y en numerosos casos, siendo juzgadas no sólo por la sociedad sino también por sus propias familias; sufriendo no únicamente la estigmatización, la precariedad y la soledad desde una edad temprana –abandono escolar, violencia prematura–, sino, asimismo, asumiendo el peso del propio sistema que incide en sus vidas y cuerpos.

En cuanto a su significado desde la obligatoriedad o imposición, refiere a una concepción de la maternidad como algo que ha sido mitificado y esencializado, de acuerdo a la (potencial) capacidad reproductiva de la mujer: *como puedes gestar, es lo que debes hacer*. [La maternidad] condiciona tu vida como lo mejor –y lo peor– que puede pasarte; siendo cuestionada y enfrentándote al escrutinio y rechazo exhaustivo si no *quieres* tener hijos, pero al mismo tiempo teniendo que pasar por el proceso para, de alguna manera, cumplir tu *deber* con la sociedad y así sentir que eres válida y tu vida tiene un sentido completo (a diferencia con la contraparte masculina, a quien la paternidad parece suponer un hecho no tan exigente por sus características). Incluso, ese «querer» para las mujeres trabajadoras no está exento de análisis, en tanto que simboliza el eterno debate entre querer y poder: muchas mujeres sí *desearían* ser madres, pero no se lo *pueden* permitir, retrasando así cada vez más una edad para concebir, pareja al contexto y las circunstancias económicas, no estando separadas. Pero, para que la maternidad sea deseada no solo hay que liberarla de su carga impositiva, sino también hacer que la capacidad adquisitiva no sea un freno, quedando marcada por un distintivo de clase. Porque, sin duda, ser madre dependiendo de la clase social a la que se pertencece es una experiencia muy diferente, en muchos casos antagónica: y aquí es donde entran en juego sus consideraciones para apreciar sus diferencias.

En cuanto al desarrollo de la maternidad bajo la burguesía, podemos conceder que por su poder adquisitivo los cuidados que recibirán tanto la madre como el futuro bebé, así como el propio desarrollo del embarazo –el cual queda marcado por sus características–, no será igual que aquel que lo haga en el seno de una familia de clase trabajadora: atenciones, médicos, forma de dar a luz –parto en casa, cesárea programada–, tratamiento, baja, cuidados antes, durante y después. La relación capital-trabajo en esta cuestión –la posición que se ostenta en cuanto a los medios de producción– es determinante a la hora de afrontarlo: no están en las mismas condiciones de igualdad una mujer embarazada que tiene un contrato temporal y precario –o incluso que no cuenta con un empleo ni, por tanto, el sustento vital y económico que éste proporciona, que carece de seguridad económica y de certezas –renovación, posibilidades laborales, horizontes, sortear el despido– y que en numerosos casos se mantiene dependiente del marido o de las ayudas sociales a falta de solvencia e independencia propias; que una mujer que espera un bebé con la seguridad de vivir bajo un (buen) techo, contando con un sustento económico solvente, suficiente y garantizado –sea propio o familiar–, sin una rutina monótona y asfixiante para ganarse el pan, sin las preocupaciones de montar hacinada en un metro para ir al puesto de trabajo, bajo riesgo.

Por contra, la precariedad a la que se exponen las mujeres de clase obrera empieza, continúa y se mantiene a lo largo de su trayectoria en el mundo, marcando todas y cada una de sus experiencias vitales mientras no cambien sus condiciones materiales de existencia ni éstas sean transformadas.

En cuanto a las problemáticas específicas que nos plantea esta cuestión, ¿qué se puede decir? Hay mujeres en buena posición cuya vida está dedicada a la familia y a parir y cuidar de los hijos e hijas, compartiendo, indistintamente de la clase, ser concebidas como *productoras;* pasando de mujeres a madres, teniendo como único o principal objetivo cuidar y gestar, no siendo extraño observar familias numerosas porque todo el cometido de la mujer queda a este fin –especialmente en cuanto a los núcleos familiares pudientes donde las posibilidades permiten ampliarlo, evolucionando del mismo modo en la clase trabajadora de aquellos matrimonios donde nuestras abuelas podían tener cuatro, cinco o incluso seis hijos a que en la actualidad su reducción, junto a la incorporación –y relativa emancipación, que en realidad no es tal al ser la mujer quien se debate entre congelar o abandonar su carrera laboral para quedar al cuidado de su descendencia, o compaginarlo con una reducción de jornada con su respectiva reducción de salario, acrecentando todavía más esa brecha económica– de la mujer al mercado laboral, sumado a las crisis económicas estructurales del capital con una capacidad adquisitiva mucho más reducida, haya conseguido menguar drásticamente las posibilidades de concepción más allá del primer hijo (y en ocasiones, ni siquiera uno). Pero, volviendo al tema que nos ocupa, ¿podemos decir que estas mujeres –pudientes– quedan fuera de la lógica patriarcal por tener una capacidad adquisitiva solvente, cuando siguen ostentando el mismo rol sexual? Bien es cierto que cuando no quieren o no pueden hacer esto, se aprovechan de la explotación de otras mujeres en posiciones más vulnerables que ellas –y aquí entra la distinción de clase (sea la reproducción delegada en la explotación ajena a través de los vientres de alquiler, o el servicio doméstico). Pero siguen siendo mujeres quienes lo hacen.

También es importante poner en valor que, más allá de las relaciones heterosexuales, las mujeres y su potencial reproductivo son parte esencial y trascendente en sociedad porque son quienes permiten la reproducción de la especie. Con lo cual, se sigue explotando su capacidad de gestación aunque no implique ni sea necesaria una relación sentimental mediante: solo importa la mujer en tanto que cuerpo y en tanto que capacidad, siendo reducida a su propia anatomía y quedando separada de su humanidad. La única diferencia respecto a un modelo productivo diferente es que las mujeres, además de madres, podrían ser sujetos de pleno derecho: seres humanas, mucho más allá de su clase sexual, al concebir la maternidad y la reproducción sin tener un valor obligatorio ni productivo. Pues una cosa es que en cuanto a la vida, la mujer no se reduzca a la crianza en tanto que cuenta con muchas más funciones y posibilidades en sociedad; y otra, que precisamente esa crianza y esos procesos biológicos y naturales –embarazo, gestación, parto– no hayan supuesto una división cultural entre los sexos por sus características.

En cuanto al aborto, también podemos arrojar distintas consideraciones que no quedan separadas de su contexto de clase. Si bien la interrupción del embarazo ha sido, dentro de las vindicaciones por los derechos sexuales y reproductivos de la mujer, un aspecto fundamental y una conquista duramente peleada desde el Movimiento Feminista, aún siendo negado y no reconocido en muchas legislaciones en la actualidad, no es igual la mujer proveniente de familia adinerada que puede volar a otro país a costearse su aborto, en manos de los mejores médicos y teniendo atención sanitaria garantizada y de calidad, que la mujer (o incluso adolescente) de clase trabajadora que aborta de forma clandestina en una clínica –en el mejor de los casos, cuando no, arriesgando su salud mediante el uso de fármacos o métodos invasivos por falta de recursos económicos, sociales, legislativos, políticos.

Asimismo, en cuanto a la donación de óvulos, esta cuestión tampoco queda separada de su contexto socioeconómico ni cultural, siendo convencidas muchas mujeres mediante el pretendido altruismo – así como opera de igual forma respecto al alquiler de vientres o maternidad subrogada– para difuminar la raíz de la pobreza que les lleva a hacerlo, a exponer y explotar sus cuerpos a cambio de dinero, a través de la creencia de que el uso del cuerpo resulta un acto empoderante, independientemente de cuál sea éste; no teniendo que pasar por métodos invasivos cuando se cuenta con una vida resuelta ya que la principal motivación es la necesidad económica.

En síntesis, podemos decir que las mujeres son tratadas en base a su (potencial) capacidad reproductiva. La posibilidad de llevar a cabo la gestación –nacer con la genitalidad que lo permite– es el hecho material y diferencial que les distingue del sexo opuesto, y además es una capacidad compartida independientemente de la clase social, aunque quede atravesada por ésta.

En conclusión, podemos decir que a todas las mujeres se nos caracteriza por tener algo en común, como nacer bajo el mismo sexo; sexo que ofrece contar con la capacidad potencial que permite la reproducción de la especie, la cual en su desarrollo nos afecta en mayor o menor medida (aquí es donde entra en juego la perspectiva de clase), pero lo hace.

Si no existiese la propiedad privada ni la determinación sobre los cuerpos sexuados (en este caso, los de las mujeres), no hablaríamos de esta manera sobre la diferenciación que se establece entre ambos sexos. Pero existe y es lo que da lugar a su apropiación o reducción. Es importante señalar su carácter social porque este destino está construido de forma cultural y amparado en una estructura de poder económico y político, pero que en última instancia no se debe a un determinismo biológico o esencialista, si no, no podría abolirse.

Capítulo II
Representación, feminidad y belleza

Las mujeres ricas, educadas y liberadas del Primer Mundo, las que gozan de libertades que nunca antes estuvieron al alcance de una mujer, no se sienten tan libres como desearían.

NAOMI WOLF, *El mito de la belleza*

ALGUNAS CONSIDERACIONES SOBRE GÉNERO Y CRIANZA

Una parte fundamental en la reproducción de ideología dominante que se transmite de generación en generación es la asimilación y no puesta en cuestión de la misma para simplemente ser interiorizada y defendida como un devenir natural de las cosas. Así, la educación recibida por nuestras madres –como principal figura de autoridad en la infancia– en colaboración con el aparato mediático de una sociedad sexista es el pilar que sostiene los mitos machistas en la cultura: *la cocina es de mujeres, a las niñas se les da mejor cuidar, el rosa es de chicas, sé una señorita...*, como incide de la misma manera en propiciar que ciertos problemas psicológicos, enfermedades, patologías y/o afecciones mentales, como pueden ser la existencia de trastornos de la conducta alimentaria (TCAs), afecten en mayor porcentaje al sexo femenino al verse potenciados por un contexto que los allana (¿a qué menesteres se puede dedicar una vida marcada por ser una otredad, que obliga a una misma a ser ajena a su propio cuerpo, a habitarlo como un espacio hostil, que impide tomar contacto con la realidad y las cuestiones y posibilidades que nos ofrece con el mismo interés que los hombres, sin estar ocupadas de asuntos triviales, esclavizadas a una autoestima que depende del número que salga en una báscula, y reforzada por comentarios como *no estás gorda, estás estupenda* o asociando la belleza a la delgadez que hace que niñas, antes siquiera de convertirse en las mujeres del mañana, sientan rechazo hacia su propio aspecto porque no se consideran suficientemente atractivas, gastando un dinero que no tienen en revistas de moda y cosmética, adoctrinadas ya desde la infacia para lucir la persona que desearían ser en lugar de ser ellas mismas?), que «escojan» las profesiones orientadas al servicio del resto (que al mismo tiempo son las más precarizadas al estar feminizadas), etcétera.

El cuerpo despojado de su clase

La mujer burguesa es el complemento del hombre burgués. Tratada desde la infancia –en especial si en el seno familiar hay varones entre sus hermanos–como un ente secundario, crece sobre la proyección del trato diferenciado respecto al sexo masculino, en la otredad, en su sombra; siendo la opción no protagonista, suplente, accesoria en la línea de sucesión (aunque haya nacido antes, siendo el caso de monarquías europeas como la del *Reino de España*, basada en una variación de la Ley Sálica que solo permite el ascenso de la mujer cuando no existan herederos masculinos) o en el acceso a determinados puestos de poder en el mismo seno burgués (por ejemplo, en el contexto eclesiástico, donde no hay generalizadas figuras de referencia femeninas en diversos órganos, como el sacerdocio, tradicional a una consideración del sexo femenino *inferior*, como objeto de propiedad del varón, invisible y ajeno a los quehaceres de la vida pública por entenderse *ignorante* y relegado al papel doméstico) pues el derecho no le corresponde a ella, sino que opera en favor del hombre, prevaleciendo su modelo.

Para que esto sea posible, es necesario atender a la construcción del *género* en nuestra sociedad: un elemento de imposición sistemática a partir del sexo biológico (*la política cultural de la división sexual del trabajo*) que socializa a las mujeres en la indefensión, el cuidado y la atención a los demás, por encima de la importancia y el amor hacia sí mismas, un pilar imprescindible del sistema patriarcal que no es elegido y es parte, junto con la apropiación de la capacidad reproductiva, de la opresión estructural de las mujeres en la cultura, a través de múltiples formas (mandatos de la feminidad, rol de madre y sirvienta, sumisión y esclavitud a un ideal de belleza...) al margen de la clase.

EJEMPLOS: DE LA TEORÍA A LA PRÁCTICA

¿QUIERES DECIR QUE UNA MUJER PUEDE ABRIRLO? (1953)[5]

---

5   Comercial de la década de 1950 cuya autoría responde a Alcoa Aluminum, con el objetivo de promocionar su tapa de botella de rosca *HyTop*, considerado posteriormente un símbolo del sexismo que prevalecía en la sociedad estadounidense de la época.

Un conocido anuncio publicitario *vintage* de los años 50 mostraba, a través de la figura de una mujer, la sencillez ofrecida en un producto de Kétchup: tan fácil de abrir, que *hasta una mujer podía hacerlo*, valiéndose de un contexto de promoción de las mujeres como consumidoras y siendo definidas en relación a los estereotipos sexistas: uñas pintadas, maquillaje y pintalabios (*marcador diferencial de género*), peinado y vestimenta clásicas que potencian la feminidad, rol doméstico (figura que se encarga de ir a la compra y proveer a la familia haciendo la comida: el *ama de casa*), construcción en el imaginario social de la mujer como ser débil e inútil que es dependiente del hombre, el *páter*, que se caracteriza por ostentar el poder, en otras palabras: tener la potestad y la fuerza; todo ello sintetizado en un rostro de sorpresa que indica la falta de costumbre respecto a las habilidades de las mujeres, no creer en ellas mismas como seres independientes y capaces, tener por norma que precisan del *macho dominante* que les abra un bote de cocina porque ellas no pueden, y por tanto, ser objeto publicitario para creer que se ofrece atractivo e innovación en hacer más llevadera una tarea simple relacionada con los *deberes del hogar*.

Sin embargo, lo que no deja con la boca abierta es

saber que esta clase de propaganda nace en los Estados Unidos de América, siendo una muestra del papel de la mujer en el Siglo XX, producto de tal consideración sobre *igualdad de género*, tan contraria, por otro lado, a la representación expuesta por parte de la otra potencia que fue constituida entonces: la Unión de Repúblicas Socialistas Soviéticas y la ideología en materia de feminismo, trabajo, ecología o familia plasmada en sus carteles, donde se puede ver en ellos a la mujer como un igual al hombre; madre, pero también trabajadora, que participa en la edificación del nuevo mundo mediante el derecho al voto, la participación en política, cuerpos militares, las oportunidades, estudios y empleo alejadas de la miseria, la invisibilización, la sexualización que hace de ella un objeto de deseo y la prostitución como el signo de la explotación más abyecta que recae sobre sus cuerpos, por su tradición (*capitalismo vs. comunismo*) diametralmente opuesta.

* * *

No hace mucho tiempo se hizo viral en redes sociales un vídeo del popular y mundialmente conocido futbolista Cristiano Ronaldo jugando a la pelota con uno de sus hijos, en el que lo que verdaderamente llamó la atención y supuso objeto de comentarios y críticas fue que detrás del niño, se encontraba una de sus hijas moviendo la pierna haciendo ademán de querer darle y jugar de la misma forma que estaba haciendo su hermano; sin embargo el padre sólo estaba centrando la atención en su hijo varón (imaginamos, por el hecho de serlo y construir la asociación sexista «fútbol – hombres» a su respecto; que no es exclusivo de un poder adquisitivo millonario sino que se debe a un ideario machista y patriarcal compartido, reproducido y generalizado independientemente de la capacidad y posición socioeconómica, la cual deja fuera o restringe de su disfrute a la mitad de la población a lo largo y ancho del mundo): un ejemplo gráfico de cómo la mujer desde la infancia, de manera sutil, queda anulada, silenciada, siendo secundaria... incluso en el seno de familias ricas donde desde el nacimiento cuentan con la vida materialmente solucionada. Pero el patriarcado, en ese sentido, no distingue entre clases.

Melanija Knavs, más conocida como *Melania Trump*, es un ejemplo gráfico de la representación del patriarcado burgués en la actualidad: una mujer que mediáticamente destaca por ser la *esposa de*, adoptando el apellido del marido al casarse y pasando así de tener el del padre al del cónyuge: una costumbre tan popular como patriarcal en muchos países y que en el Siglo XXI sigue manteniéndose en la que se presenta como principal potencia económica a nivel global, Estados Unidos (aunque merece la ocasión poner de manifiesto que si bien hay administraciones donde se permite poner a los descendientes el apellido de la madre en primer lugar, en cualquier caso esto no es constitutivo de un *matriarcado* ni de que por intercambiar el orden fuese a cambiar de forma sustancial, a su vez, el propio orden de la sociedad); pero que incluso, más allá de su matrimonio, su carrera profesional ha sido construida en cuanto al valor de la belleza y la explotación de su físico; siendo una exmodelo que frenó su actividad para la dedicación de su vida íntima y familiar (lo mismo, podríamos decir, que cualquier otra mujer con independencia de su clase; solo que en este caso, más allá de la cuestión de género, no se puede ignorar la forma en la que inciden las particularidades relativas al nivel socioeconómico al llevar una vida más desahogada, pero no carente de machismo ni misoginia social y cultural, que es lo que se comparte. Por ejemplo, contribuyendo al mito de *mujer mantenida* que deja atrás sus carrera e intereses en favor de criar a sus hijos y los de su marido quedando al servicio de la familia, independientemente de que disponga o no de personal doméstico en el entorno íntimo.

Otro ejemplo *consorte* es Sofía Margarita Victoria

Federica (popularmente *Sofía de Borbón*), el caso de una mujer hija y esposa de la realeza cuya vida, aunque lujosa y educada en la singularidad respecto a las trabajadoras que le deben su servicio y obediencia, ha quedado significativamente marcada por la controvertida reputación de su marido, públicamente expuesto como infiel ante las numerosas relaciones sacadas a la luz con el paso de los años, algunas de ellas, fruto de los intercambios económicos de negocio institucional-burgués. ¿Qué se puede decir? Ser rica no le ha impedido sufrir el descaro ni la posición de poder masculina que desde su mirada concibe al sexo femenino como una conquista sexual, pero sin duda, la ausencia de amor, la arrogancia y la soledad se pueden sobrellevar mejor cuando a ese sufrimiento no se añade la preocupación por no saber cómo pagar la hipoteca, tener que acudir a un trabajo rutinario y asfixiante o simplemente, disponer de los recursos para romper con una situación de maltrato que hace tiempo se convirtió en una jerarquía, como lo pueden aguantar las mujeres trabajadoras de barrios humildes que se ven obligadas a convivir con sus agresores y los de sus hijos por falta de ingresos, recursos sociales y alternativas habitacionales que les permitan escapar de dicha situación, más que vivir cada uno por separado de punta a punta de un palacio... o país.

Beyoncé Giselle Knowles, más conocida como Beyoncé, es, en el otro extremo, la representación del *empoderamiento femenino* desde una perspetiva liberal: empresaria de éxito con carrera en solitario –con independencia del marido y la familia– pero que, lejos de suponer una ruptura con el paradigma de servidumbre o las lógicas de producción, lo acrecenta y lo refuerza siendo a su vez explotadora de otras mujeres mientras su trabajo está orientado a la liberación (de su clase). En esencia, encarna el rol de la mujer dentro de un capitalismo supuestamente emancipado: jefa, emprendedora, consumidora; que accede por igual a las estructuras de poder sin tener intención de derribarlas, pues su lucha solo estaba en ser ella misma quien (se) abriese la puerta por encima del trabajo invisible de cientos de mujeres que le han aupado hasta ellas.

Pero, realmente, ¿cuándo (en qué momento histórico) las mujeres han sido verdaderamente relevantes, o han destacado más allá de su cosificación sexual o unión en matrimonio, sentando un precedente y generalizando este acceso al poder en igualdad de condiciones respecto a sí mismas y las generaciones venideras, sin rastro de sesgo patriarcal? Evidentemente, algo así no es posible sin poder contar casos en minoría, de lo contrario, si realmente hubiese liberación, los movimientos sociales de emancipación ya no serían relevantes al haber alcanzado la equidad buscada, y por supuesto, no encontrándose en los márgenes de una estructura social de expotación del *hombre por el hombre*.

En esencia, podríamos decir que ese tan vendido *empoderamiento* de las mujeres dentro del propio capitalismo es tan solo interiorizar un modelo de feminidad individualista, cuando no, en su versión *masculina*, ambiciosa y competitiva como oposición al rol tradicional pasivo de madre y cuidadora, evolucionando de la servidumbre patriarcal al egoísmo neoliberal, necesario para dejar a un lado toda conciencia revolucionaria, condición sine qua non para abandonar la pertenencia de clase, de los explotados y oprimidos, a aspirar a alcanzar un día la posición que sujeta el látigo.

BRECHA DE GÉNERO, BRECHA DE CLASE

En un *clip* de vídeo del programa de televisión *El Intermedio*, la periodista Thais Villas recorre las calles de dos barrios principales de la capital del Estado marcados por sus diferencias de clase: el conocido distrito de Salamanca y el popular de Vallecas, haciendo entrevistas sobre temas cotidianos a las vecinas que se encuentra para saber cuál es su punto de vista, pero también su propia experiencia.

P: ¿Alguna vez ha ayudado económicamente a sus hijos?[6]

– *Sí, durante cinco años. En dinero, pagarles las hipotecas porque si no les echaban y muchísimas más cosas (...) Pues comprarles ropa a los críos, cosas del colegio, los uniformes y cosas así (...) con 780 euros [de pensión].*

– *Hombre, un poco supervisar a la chica que cuida de los niños y eso sí, pero económicamente no. Estudiaron fuera y han venido con mucha experiencia y han podido montar aquí su propia empresa (...) y bueno, yo creo que el que quiere salir adelante sale, con crisis o sin crisis.*

Por sus respuestas, no hace falta especificar cuál corresponde a un barrio rico y un barrio obrero, no solo por la evidente contradicción de clase, sino porque esta se refleja mucho más allá de las palabras: rostros hundidos, miradas ojerosas y un cansancio palpable frente a peinados de peluquería, caras joyas, actitud arrogante y sonrisas de anuncio propias de quien tiene el tiempo y los recursos para ejercer el autocuidado a costa de la explotación de quienes son más vulnerables, sin necesitar recorrer el asfalto de Madrid con un café en una mano que le aguante despierta y en la otra la atención puesta en el reloj que lleva para poder calcular los minutos que

---

6   Extracto sacado de YouTube, canal de LaSexta, 24/09/2015:
    https://www.youtube.com/watch?v=UbNlnyvTRjE

le quedan de cruzar el semáforo, bajar a toda velocidad las escaleras y pasar el torno de un metro masificado (porque, por descontado, el uso diario no resulta el del coche privado, sino compartir la cotidianidad de un vagón con el resto de explotados) abriéndose paso entre empujones de camino a un trabajo más que evidentemente precarizado y especialmente no cualificado que se lleva la mayor parte de las horas de su día (muchas de ellas, vividas en el transporte público que alarga su jornada) y que solo tiene por objetivo cruzar del sur al norte para servir a *los de arriba*.

Pero, si algo es evidente, es que aún considerando que estas dos vecinas pueden compartir un entorno de malos tratos, estar atadas socialmente al cliché del *sexo débil* o ser vistas como *personas gestantes* por su capacidad reproductiva al servicio de la familia, es obvio que a la señora que *supervisa a la chica que cuida de los niños* no le supone un problema llegar a final de mes, es que ni siquiera se lo ha planteado.

8M: DÍA DE LA ¿MUJER TRABAJADORA?

Desde hace algunos años debido a la injerencia del capitalismo, cada ocho de marzo ya resulta un día más parecido a cualquier otro de temática festiva en el calendario, en el que las empresas aprovechan para usarlo como reclamo publicitario ajeno a todo significado combativo: desde anuncios y descuentos en tiendas a escaparates revestidos de color morado, una jornada que poco a poco ha ido despojándose de toda reivindicación política necesaria en la sociedad donde una jefa, una banquera o una reina pueden reivindicarse como tal y hacer valer su voz y su presencia por encima de las millones de mujeres esclavizadas, sometidas y explotadas por las que se conmemora esta fecha, pasando de la reivindicación *a igual trabajo, igual salario* a que el protagonismo lo ocupen cuestiones ajenas al significado político del Movimiento Feminista, como bailar *twerk*, pedir la autodeterminación del género, el liderazgo de mujeres en instituciones del sistema capitalista o la regulación de la prostitución.

Según el último informe de Oxfam Intermón, la desigualdad salarial en las empresas del principal selectivo español – tanto de género como entre sueldos más altos y los medios– es uno de los grandes lastres de estas compañías. Sobre la primera, esta investigación apunta a que el conjunto de las empresas del IBEX presentaba en 2019 la misma diferencia entre los sueldos medios de mujeres y hombres que el año anterior: un 15%. El Banco Santander dobla este promedio y alcanza el primer puesto de la lista de compañías con una mayor desigualdad salarial en términos de género; en la sociedad que preside Ana Botín, el salario medio de los hombres es un 31% superior al de las mujeres.[7]

7 Apunte que pertenece a un artículo publicado en el portal de

¿Cómo el principal activo de referencia de un banco puede corear el 8M *nosotras parimos, nosotras decidimos, no nos mires, únete* o ser entrevistada en los medios de comunicación hablando de la importancia que tiene el feminismo? Volviendo de nuevo a Ana Patricia Botín, estos hechos, en consecuencia, no se corresponden con unas declaraciones aparentemente *en favor de las mujeres* donde, al mismo tiempo que se pretenden denunciar las dificultades enfrentadas en la sociedad (la conciliación de la maternidad, brecha salarial, falta de referentes femeninos en las organizaciones, etcétera), la propia empresa que diriges cuenta con una de las mayores diferencias de sueldo entre los hombres y mujeres trabajadores de la compañía, porque ser feminista no consiste en hablar sobre *cuestiones femeninas* sino en la experiencia militante.

¿Acaso las mejoras que pudiera conseguir una banquera representan una victoria, por extensión, para el resto de mujeres (en concreto las trabajadoras) o solo sería una oportunidad para reprimir al tener la ocasión de subir un escalón de acuerdo a las posibilidades que ofrece el capitalismo

investigación colaborativo *Yolbextigo*, una iniciativa que está ligada a su vez al periódico digital La Marea, 12/11/2020: https://www.yoibextigo.lamarea.com/informe/banco-santander/igualdad/marca-feminista-ana-botin-santander-brecha-salarial/

34

(que, en ninguna de ellas se encuentra la emancipación de su estructura, por lo que todos los avances sólo pueden ser simbólicos)? Claro que la posición que ocupas importa cuando desde ella tienes la capacidad para ejercer el poder sobre las personas que están *por debajo* de ti, como si de una pirámide estamental se tratase, colocándote en el punto más alto de la jerarquía. En esencia, lo único que supone este discurso es la capitalización de un movimiento social de liberación para despojarlo de su carácter revolucionario, porque no estamos hablando de feminismo, sino de una persona que se reivindica desde su status socioeconómico, porque no consiste en hacer a una mujer presidenta, sino en acabar con las estructuras que nos gobiernan a todas, porque el empoderamiento es siempre individual mientras que la emancipación es colectiva.

Pero su progresiva desideologización ya no solo supone la pérdida del carácter de clase, con lo que ello implica, como el hecho de equiparar a la mujer trabajadora que limpia casas señoriales con la mujer burguesa que no tiene que atender a cuestiones de conciliación porque es propietaria de su tiempo y dinero, sino haber llegado a un punto en la historia en el que un 8 de marzo ni recuerda el papel de la mujer de las fábricas a los centros de trabajo, de los hogares a la actividad remunerada, ni lo que supone haber nacido mujer bajo un marco social que te explota y subyuga como sexo, pues al capitalismo no le ha bastado con eliminar el «trabajadora» de una jornada que tiene por objetivo acabar con las estructuras sociales que promueven y sustentan la opresión de la mujer cuanto menos tiene, sino que le ha dado una vuelta de tuerca al patriarcado llegando a convertir hoy por hoy la principal herramienta de discriminación contra las mujeres (el *género*) que las feministas llevan décadas señalando y denunciando, responsable de cuestiones como la mutilación genital o la asunción de la crianza o trabajo doméstico – entre muchas otras– en identidad.

Por eso, en la actualidad un 8 de marzo ya no se habla de división sexual del trabajo sino de legalizar la explotación reproductiva, de la *libre elección* en los márgenes del capital, del derecho a *sentirse* mujer o que ser mujer no es una realidad atravesada en su experiencia por unas circunstancias materiales concretas sino que forma parte de un *sentimiento*, o que la sexualidad humana se pueda mercantilizar: la construcción de un feminismo de apellido neoliberal que tiene como consecuencia la desmovilización y expulsión de las trabajadoras de sus espacios de organización por no sentirse representadas ante lo que se ha hecho de ellos, en última instancia, siendo el resultado de la operación más parecido a un

Orgullo feminizado que a una huelga de carácter combativo[8].

Por ello, combatir la ideología burguesa que silenciosamente se apodera de los movimientos sociales destruyendo su capacidad de lucha y análisis material es el reto militante del Siglo XXI: ya no hay espacios de confrontación, solo *activismo* funcional al sistema capitalista, y de acuerdo a esto, no es extraño que hoy lo que conocemos como feminismo –para hacer de él una idea más comercial y digerible que se pueda comprar como cualquier otro producto de masas, sin ninguna vinculación ni

---

8 Otra de las cuestiones que a muchas mujeres le hacen marcar distancias (cuando no, alejarse por completo debido a su rechazo) es este interés por convertir el feminismo en *feminismos* vía intención de ampliar el mismo para, ya no solo acoger a la mujer, sino también meter en la ecuación las *disidencias* como sujeto político agregado, o en otras palabras, todo lo que concierne al movimiento de gays, lesbianas, bisexuales y transexuales, sin importar siquiera que sus espacios, reivindicaciones o necesidades choquen frontalmente con las del movimiento de mujeres por ser lugares diferenciados, por ejemplo: la autodeterminación del género contra su abolición, los apuntes específicos que requiere el análisis de la discriminación sexual contra la opresión a razón de sexo, la sustitución de todo lo que concierne al feminismo por la palabra género; pero no sólo, sino, en última instancia, no considerar suficiente la empresa de emancipar a la mitad de la humanidad sin ser *inclusivas*, sin añadir a las reivindicaciones la *diversidad*, sin tolerar que las mujeres se puedan organizar con independencia del varón sin verse envueltas en un significante vacío que poco a poco va diluyendo sus espacios de confrontación.

pertenencia con un carácter antifascista, solidario, marxista y en pie por los derechos de las mujeres contra cualquier agresión, como las multitudinarias manifestaciones desde la lucha por una sanidad pública y universal que incluya en su cartera el aborto libre y gratuito, a las concentraciones contra *la Manada* y el machismo en la judicatura– se relacione con la *sororidad*, no como un espacio de aceptación o apoyo común ante la violencia sexual, sino la connivencia interclasista entre banqueras y trabajadoras, lejos de cualquier transformación anticapitalista y al mismo tiempo antipatriarcal, porque en la actualidad, incluso nombrarse renunciando a suponer una otredad resulta una revolución: si no existen mujeres ni trabajadoras, ¿para qué va a existir un día propio o incluso una violencia específica o estructura de dominación sistémica por el hecho de serlo, de tener un sexo concreto a explotar sus capacidades que opera bajo este modelo de producción (sexismo, misoginia)? ¿Qué es lo que hay que reivindicar? ¿Contra qué hay que luchar, pues?

Capítulo III
Matrimonio y esfera íntima

> Hay alguien todavía más oprimido que el obrero y es la mujer del obrero (...) Hasta el más oprimido de los hombres quiere oprimir a otro ser: su mujer.
>
> FLORA TRISTÁN

UNIÓN, MONOGAMIA, FAMILIA Y PROPIEDAD PRIVADA

Para muchos hombres, la diferencia entre el matrimonio y la prostitución es el *precio*, siendo el instrumento para oficializar esa consideración de la mujer como propiedad privada, sirvienta, o en palabras de la feminista radical, teórica y escritora estadounidense Andrea Dworkin, *madre de la tierra, puta del universo*; relegada a la familia nuclear como raíz que hace posible la construcción y también el relevo generacional de las sociedades modernas.

- *«El burgués ve en su mujer un mero instrumento de producción (...) Ni siquiera tiene la sospecha de que el objetivo real es acabar con el estatus de las mujeres como meros instrumentos de producción. Nuestros burgueses, no contentos con tener a su disposición las mujeres y las hijas de sus proletarios, por no hablar de la prostitución, se complacen sobremanera en seducir a las esposas de los demás. El matrimonio burgués es en realidad un sistema de esposas en común (...) Por lo demás, es evidente que la abolición del actual sistema de producción debe traer consigo la abolición de la comunidad de mujeres que emana de ese sistema, es decir, de la prostitución tanto pública como privada[9]».*

Sin embargo, este punto no se entendería igual sin detenernos en la monogamia[10] como estructura que se ha constituido como el ariete necesario de esta jerarquía, despojando a la mujer de su humanidad y tomándola como una pertenencia que debe una

9 MARX, K. & ENGELS, F., *Manifiesto Comunista*
10 Si bien en este caso la monogamia se ha constituido como el modelo que ha hecho posible la organización de la sociedad en torno a la familia nuclear, toda forma de socialización sexoafectiva que tenga lugar en el marco de la sociedad de clases inevitablemente va a ser condicionada por éste, por lo que aparentemente, construir vínculos supuestamente emancipados de las lógicas de producción sin cuestionar las bases que los sustentan (es decir, sin acabar con la propiedad privada que mantiene la opresión sobre las mujeres), darán lugar a uniones donde se sigan reproduciendo las relaciones de poder derivadas de una cultura erigida sobre los mitos del amor romántico y la desigualdad entre sexos, en nombre de un supuesto *radicalismo* que tiene por objetivo la abolición de la familia. Pero, como se preguntaba Kollontai: *el "amor libre", introducido sistemáticamente en la sociedad de clases actual, en lugar de liberar a la mujer de las penurias de la vida familiar, ¿no la lastrará seguramente con una nueva carga: la tarea de cuidar, sola y sin ayuda, de sus hijos?*

relación de exclusividad a su pareja, en este caso el marido, que actúa como una suerte de patrón dentro de la esfera íntima, dando lugar a la firma del contrato laboral sin horarios, días libres, vacaciones, descansos o fichaje con el tan esperado *sí, quiero;* al contrario que el hombre, que puede disponer y ser consumidor de todas las mujeres a su alcance, divididas entre *santas* (las nobles al servicio del hogar que proveen el cuidado y la gestación de los hijos) y *putas* (las independientes, *empoderadas,* que se mantienen culturalmente al margen de la sumisión a la familia, haciendo un uso *libre* de su sexualidad), legitimando su existencia sobre las relaciones que se establecen en función de su deseo.

Pero, ¿cómo tantas mujeres siguen sometidas a esta institución? Para ello tenemos que apuntar a la inestimable colaboración de un aparato mediático que se construye en torno a la difusión sin descanso de todo tipo de propaganda que moldea a las mujeres en entes incompletos que precisan de la *media naranja* para alcanzar su felicidad, pero no sólo.

–«*Las ideas de la clase dominante son las ideas dominates en cada época; o dicho en otros términos, la clase que ejerce el poder material dominante en la sociedad es, al mismo tiempo, su poder espiritual dominante. La clase que tiene a su disposición los medios para la producción material dispone con ello, al mismo tiempo, de los medios*

41

para la producción espiritual, lo que hace que se le sometan, al propio tiempo, las ideas de quienes carecen de los medios necesarios para producir espiritualmente[11]».

Estas palabras de Marx y Engels suponen el mejor antídoto para combatir la creencia de que nuestros actos y las decisiones que tomamos únicamente obedecen a nuestra propia *libertad de elección*, y en concreto respecto al tema que nos ocupa, la construcción de todo un conglomerado burgués con el fin de mantener su statu quo, desde el amor romántico como soporte que da justificación a la violencia en el contexto íntimo (posesión, celos, machismo) a la *pedida de mano* como la prueba de afecto y categoría vital más deseada a la que puede aspirar una mujer (especialmente teniendo en cuenta la propaganda cultural que muestra las peticiones de matrimonio en el espacio público como una gran sorpresa, el *sueño de toda chica*, ante la atenta mirada de cientos de desconocidos), pero también como representación de ese poder patriarcal que hace de la mujer una propiedad que pasa de un varón a otro; pues incluso mucho antes siquiera de constituirse como mujer y poder vender su fuerza de trabajo, ya vive la opresión sexual en tanto existe como objeto (por ejemplo, el caso de los matrimonios infantiles y las violencias que de ello se derivan desde una edad

---

11 KARL, M. & ENGELS, F., *La ideología alemana*, Barcelona, L'Eina, p.43

temprana sin tener conciencia de las determinaciones de género a las que se encuentra sometida).

Por tanto, podemos decir que el propósito que tiene el matrimonio bajo la sociedad de clases es, en primer término, asegurar la propiedad privada actuando como una forma de institución, pero también la descendencia en el seno de la familia heterosexual; es decir, titularizar el dominio sobre la esposa e hijos, la continuación del apellido, la supervivencia del propio sistema, el *linaje* que cuenta con el respaldo legal del Estado y por ello ofrece un tratamiento diferente a las parejas que formalizan su unión oficialmente de las que se mantienen juntas, pero solteras (permisos laborales remunerados que de otra manera no existirían, la paternidad sobre los herederos que nacen dentro del seno matrimonal sin cuestionar su filiación, etcétera).

TRABAJO DOMÉSTICO Y ACCESO A LA RIQUEZA

[Si bien las mujeres representan la mitad de la población mundial y un tercio de la fuerza laboral, reciben sólo una décima parte de los ingresos mundiales y poseen menos del 1% de las propiedades del mundo. También son responsables de dos tercios de todas las horas de trabajo en la Tierra] (…) La amarga verdad es que, bajo cuatro mil años de economía patriarcal de explotación por beneficio, las mujeres del mundo han trabajado mucho y duro, a menudo bajo las peores condiciones.

M. Sjöö & B. Mor, *The great cosmic mother: rediscovering the religion of the Earth*

Cuando hablamos de trabajo doméstico nos referimos a todas las tareas mayormente, pero también históricamente, realizadas por mujeres en el entorno del hogar que, no siendo remuneradas y asumidas a razón de género[12], conforman la base sobre la que se asienta el capitalismo para poder funcionar, porque sostiene los cimientos de toda la estructura productiva; comprendiendo desde la limpieza y comida, a la crianza y la labor de la que se obtiene la *plusvalía emocional* que hace posible el mantenimiento en las condiciones óptimas tanto físicas como psicológicas de todos los trabajadores, como la reproducción de la nueva mano de obra, a expensas de su tiempo y su carrera, una forma de explotación oculta bajo el nombre del *amor* que, al considerarlo así, impide ser consciente del trabajo

---

12 A este respecto, me gustaría añadir una frase de Gerda Lerner para ilustrar el concepto y entender la diferencia entre los términos sexo y género de una manera más precisa: *Los atributos sexuales son una realidad biológica, pero el género es un producto del proceso histórico. El hecho de que las mujeres tengan hijos responde al sexo; que las mujeres los críen se debe al género, una construcción cultural.*

soportado o incluso reclamar poder recibir un salario por ello, porque no es consecuencia de la obligación que se impone sobre nuestros hombros ni las dinámicas de poder coercitivas que fruto de la desigualdad, la dependencia y la necesidad extraen un beneficio directo, sino del cariño hacia tus seres queridos.

Imagínense a 16 millones de personas, concretamente mujeres, trabajando gratis 8 horas al día durante un año. Ese trabajo supone 180 millones de euros. El 14,9% del PIB español. Ese es el coste del trabajo de cuidados no remunerado en España. Un trabajo que suelen hacer mujeres, y en algunos casos, niñas (...) El valor económico del trabajo de cuidados no remunerado que realizan las mujeres en todo el mundo asciende a 10,8 billones de dólares al año. Este trabajo, esencial para la vida y la economía, lo siguen asumiendo de forma mayoritaria las mujeres y niñas del mundo. Una desigual responsabilidad que perpetúa las desigualdades económicas y de género: los 22 hombres más ricos tienen más riqueza que todas las mujeres de África juntas.[13]

Sabemos, pues, que el sistema se apoya en el trabajo gratuito de las mujeres (reproducción y

---

13 Pieza publicada en *Nius Diario* basada en el estudio *Tiempo para el cuidado. El trabajo de cuidados y la crisis global de desigualdad,* recogido en el informe anual de la ONG Oxfam Intermón: https://www.niusdiario.es/sociedad/remunerados-realizados-Espana-equivalen-trabajando 18 2886195027.html

cuidado de la mano de obra, mantenimiento del hogar, etcétera) en el seno de la familia para subsistir, pero impresiona ver cómo supera incluso las ganancias de las empresas más relevantes. El trabajo no remunerado de las mujeres crea enormes beneficios, esenciales para un sistema capitalista que se aprovecha de una labor esencial, invisibilizada y minusvalorada, y asumida como devenir natural e improductivo, donde el Estado ahorra millones de euros al privar a la mitad de la población de un reconocimiento social y económico al tiempo que se beneficia de ello, de la creación de la familia, delegando esos cuidados a la esfera privada pero sin contribuir al mantenimiento de la misma.

Pero, en cualquier caso, al capitalismo le interesa la familia nuclear y el matrimonio o monogamia tanto como unidades de re-producción social, pues más allá de eso, supone un sistema incompatible con la crianza, la conciliación y vida en general debido a la naturaleza de su propio funcionamiento: así, le conviene que las mujeres tengan hijos en tanto asegura su continuidad, como también el acceso a la riqueza de aquella descendencia que es ajena a la producción y no se mantiene con el sudor propio, procedente del trabajo asalariado; solicitando una gestación, de carácter *provida*, que una vez concluida, en el seno de una unidad familiar obrera le da igual cómo se pueda mantenerlos. Solo así se explican las contradicciones de una sociedad en la que las bajas de maternidad son de cuatro meses mientras la recomendación mínima para dar el pecho a un lactante es de seis (durante los primeros dos años), donde los ritmos de trabajo obligan a las escuelas a ser una extensión de la jornada laboral porque la crianza está pensada para incidir en esa división sexual en la que la mujer encarna el rol de cuidadora y el hombre el de proveedor.

En resumen, podemos decir que la explotación de las mujeres supone un pilar fundamental que hace posible el desarrollo del sistema capitalista por el trabajo no remunerado que realiza el sexo femenino en el seno familiar, pues sin ella, no existiría el cuidado necesario y la reproducción que permite el funcionamiento de la estructura productiva, pues separar la crianza del sistema económico solo sirve para fomentar la esclavitud de la mujer en nombre del amor: los cuidados son una actividad productiva porque sostener es un trabajo (no pagado), pues, por más triste que sea vernos obligados a medir las relaciones interpersonales en términos de mercado, analizando las conexiones humanas desde la lógica mercantil, que tener hijos no sea un *derecho* no significa que el Estado no deba hacerse cargo por su parte como *inversión* que supone, y que no puede ser considerada una cuestión individual en el seno de la familia, ajena a cualquier determinación social, sexual, de clase; porque las mujeres que cuidan tienen dos trabajos: el que se hace en casa y el que está fuera de él, y es el sistema el primer interesado en intervenir para facilitar esa labor reproductiva en el mantenimiento de los nuevos trabajadores, con rentas de crianza, el acceso a vivienda pública, la redistribución de la riqueza, etcétera; pues pensar que tener un hijo no tiene nada que ver con el sistema es creer que tú no estás aportando nada de valor al proceso productivo (por el que éste no ha de responderte), pues solo se trata de una cuestión que es abstraída del contexto, como maternar por *vocación* o *instinto*, ajeno al soporte principal de toda estructura económica, naciendo de aquí ese reducto neoliberal del *sálvese quien pueda*, el argumento que pretende convencerte de que como tú has tenido hijos *porque quieres*, no es asunto de la sociedad hacer posible las condiciones para permitir que su crianza no suponga un problema económico ni una forma de explotación sobre la mujer.

En la modernidad, la incorporación de las mujeres al mercado laboral[14], lejos de su independencia económica, lo que ha supuesto ampliamente es su

---

14 A este respecto, vale la pena poner de manifiesto que no ha existido tal cosa como una época en la que las mujeres *no trabajaban*, puesto que el trabajo doméstico es trabajo aunque no sea remunerado: *no existen mujeres que no trabajan sino mujeres a las que no se remunera por su trabajo.*

doble explotación tanto dentro como fuera de casa en su doble (o incluso triple) jornada: mientras el capital prometía una aparente liberación de la mujer a todos los efectos, lo que en realidad ha dado a elegir es entre servir al mercado o servir a la familia.

Avances y horizontes

Poco podemos hablar de independencia, igualmente, en la sociedad actual cuando el trabajo está concebido en términos de *familia nuclear tradicional* con el que el capital se sigue asegurando su supervivencia pese a los relativos avances contemporáneos. Por ejemplo, la jornada de ocho horas no sólo se ha quedado obsoleta en la actualidad por muchas razones; también está basada en un tiempo donde las familias obreras se sustentaban sobre el trabajo doméstico y no remunerado de las mujeres-esposas mientras los hombres llevaban el dinero a casa: trabajar a jornada completa (40 horas semanales, o incluso algunas más) sólo es posible apoyándose en la labor doméstica, y habitualmente no pagada, de quien cuida, cocina, lava, plancha, materna y mantiene lista la mano de obra que es explotada en el mercado, realizada por mujeres en su amplia mayoría, desde las capas más bajas de la sociedad, a los matrimonios burgueses que, disponiendo de servicio del hogar (ampliamente feminizado, por otra parte) o sin él, siguen reproduciendo las dinámicas procedentes de la división sexual del trabajo, como la mujer burguesa que acude a la compra, selecciona los productos, sabe qué es lo que hace falta (*carga mental*), se encarga de la comida y la limpieza de la casa, y el marido la espera en caja para pagar o guardar las cosas en la bolsa.

Hoy en día pese a que la sociedad en muchos aspectos haya cambiado, como disponer del derecho al divorcio, fundamentalmente la estructura de la familia se sigue organizando sobre la base de la monogamia o unión tradicional en tanto que el sistema, así como el propio desarrollo cultural de la civilización hasta nuestros días, no permite otra forma de relación porque resulta ser la que se *puede* económicamente: si realmente las mujeres tuvieran los recursos a su alcance para ser independientes sin depender de otro sueldo (parcial o totalmente), se cuestionarían muchos pilares sobre los que se asienta la sociedad, cuando no, caerían directamente, como la maternidad, entre otros[15].

A falta de un poder adquisitivo, pues, que permita

---

15 Es notable remarcar cómo ya en 1929, el año del *crack* financiero, la autora Virginia Woolf situaba la emancipación de las mujeres en la tenencia de *una habitación propia*, o en otras palabras, una posibilidad que se materializa con la independencia económica y personal.

una independencia real, propia de un modelo de producción que no esté basado en relaciones de explotación, nos compartimos (vivienda, amor, experiencias) para poder mantenernos, pero en los márgenes de un sistema en el que es necesaria, por tanto, la subordinación doméstica de una tercera persona que haga las tareas imprescindibles para poder vivir, siendo la mujer el sujeto que se ve obligado a cumplir este rol, bien sea a través de su institucionalización mediante una empresa de servicios y/o cotización a la seguridad social como trabajo del hogar (precario, temporal, esclavo), o en el *acuerdo* íntimo de pareja que no está exento de las determinaciones de clase social y género: como los hombres reúnen los empleos (habitualmente) mejor pagados, disponen de salarios más altos o no enfrentan la misma temporalidad o condiciones (reducción de jornada por cuidado de menores o dependientes, etcétera), todo ello finalmente obliga a que el trabajo doméstico sea feminizado, a costa del tiempo, las vidas, las carreras y los intereses de las mujeres.

Por otro lado, en lo que concierne al momento presente, reduciendo la jornada laboral actual se conseguiría tener tiempo libre *real* más allá de los ritmos de producción, que nos hiciera personas al margen de éstos, pudiendo cumplir un modelo de vida equitativo de verdad, y no el que está basado en el *ideal* «8 horas de trabajo, 8 de ocio y 8 de sueño», que sigue perpetuando un estándar de desigualdad porque es el reflejo consecuencia de éste.

Por tanto, podemos decir sobre este análisis que la incorporación de las mujeres al mercado laboral no resuelve por sí misma el conflicto sexo-género al encontrar el sistema cómo reconducir su camino para absorberlo, ni la contradicción capital-trabajo: tanto la opresión de las mujeres como la de la clase dependen de cómo se organiza la sociedad, y a este efecto, el modelo de producción es clave: conseguir una jornada de 30 horas semanales, o trabajar cuatro días de siete es solo un paso más para llegar al horizonte de socialización de los medios de producción: los trabajadores son dueños de lo que producen, y por tanto no están sujetos a la explotación ajena de su fuerza productiva, siendo el socialismo una representación para acercar esta realidad llevada a la práctica y el marxismo *una guía para la acción*.

En un modelo de vida y de trabajo distinto al capital no sería necesaria la organización de la sociedad en torno a la familia tradicional para subsistir, ni habría matrimonios basados en la explotación sexual y/o doméstica, ni las mujeres contarían con una doble jornada dentro y fuera de casa, porque las condiciones materiales permitirían tener una vida no marcada por la explotación, pudiendo superar la tradición del *viejo mundo*. Sin embargo, mientras el capitalismo puede seguir existiendo sin la labor gratuita de las mujeres en el seno del hogar, es innegable que una parte fundamental de su estructura se ha asentado sobre la explotación reproductiva, sexual y doméstica de la mitad de la humanidad para hacer posible que funcione; y se puede avanzar hacia un sistema en el que las mujeres no tengan la obligación *por norma* de ser amas de casa, bien sea porque se automatice, se termine de institucionalizar el servicio pasando a cargo del Estado o empresas privadas, o deleguen esta labor, siendo económicamente independientes sin estar a merced del salario de un hombre o incluso sin necesidad de casarse y formar una familia tradicional, y aún así seguir igual de oprimidas.

Por eso es importante no confundir los cambios de tendencias sociales que se producen **dentro** del capitalismo, y que inevitablemente obedecen a una mirada neoliberal, con que supongan un cambio radical, de raíz, que cuestiona y transforma las bases en las cuales se ha construido la humanidad.

La *mujer empoderada* que pasa de empleada a jefa, de sirvienta a explotadora; la que no hace tareas domésticas (porque las hace el servicio por ella) o la que utiliza el sexo casual convirtiéndose de objeto de consumo a consumidora no son ejemplos de feminismo sino la diversificación del *capital femenino*.

Capítulo IV
Prostitución

La prostitución destruye la igualdad, la solidaridad y el compañerismo de las dos mitades de la clase obrera. Un hombre que compra los favores de una mujer no la ve como una camarada o como una persona con iguales derechos. Ve a la mujer como dependiente de él mismo y como una criatura desigual de rango inferior que es inservible al Estado de los trabajadores. El desprecio que tiene por la prostituta, cuyos favores ha comprado, afecta en su actitud hacia todas las mujeres. El desarrollo de la prostitución, lejos de permitir el incremento del sentimiento de camaradería y de la solidaridad, fortalece la desigualdad de las relaciones entre sexos.

ALEXANDRA KOLLONTAI, *La prostitución y cómo combatirla*

Antes de valorar las consideraciones que atañen a la prostitución, hay que delimitar desde el principio su definición como «trabajo», tan discutida en los últimos años. Así pues, toda forma de trabajo –entendido como la venta de fuerza productiva– bajo el capital es siempre explotación; pero la prostitución en concreto no lo es, o no cumple este propósito: sino que es la forma que tiene el patriarcado capitalista de capitalizar los cuerpos de las mujeres y sacar rédito tanto de su sexo como de su capacidad reproductiva mercantilizando su intimidad, su propia humanidad. La prostitución, por tanto, no es un servicio ni el resultado de interaccionar con una herramienta de trabajo: sino que el producto por el que se paga es el acceso al cuerpo de la mujer, que en otras circunstancias (sin la presión de un contexto que aboca a la necesidad económica) no tendría lugar, comerciando así con su consentimiento, puesto a la venta en el mercado; convirtiéndolo en en un objeto de consumo cualquiera, abstraído de su conjunto y utilizado como una mercancía a explotar, pues al ser la persona y no la fuerza lo que se transforma en mercancía, la prostitución no es sino una forma de esclavitud a ser abolida.

Asimismo, tampoco cumple las condiciones necesarias para quedar libre de toda subyugación: en cuanto al trabajo asalariado, el marxismo condiciona la emancipación de la clase obrera a la socialización de los medios de producción para que los creadores de la riqueza, los trabajadores, sean dueños de lo que producen sin propiedad privada mediante a la que deberle un impuesto derivado del fruto de su trabajo (*plusvalía*) que es apropiado por quedar dependientes de alquilar su tiempo a un patrón a cambio de un salario. Pero esta premisa no se concede en la prostitución: su funcionamiento, pues, no opera con ninguna herramienta de trabajo sino que –en lo comentado anteriormente– se concibe el propio cuerpo de la mujer como la mercancía a explotar; y por tanto no hay lugar a socializar el medio de producción porque las mujeres no son un objeto a comunizar con el propósito de obtener un producto resultante: de lo contrario –a colación de un planteamiento regulacionista de la prostitución a este respecto– estaríamos oficializando que la mujer en situación de prostitución es efectivamente una trabajadora –al cumplir el significado estricto de «trabajo» con lo que eso conlleva: beneficios respecto a la situación legal actual, como la cotización a la seguridad social y la prestación por desempleo– pero al mismo tiempo considerando que esas mujeres, por tanto, al trabajar de forma asalariada deben su tiempo y actividad dentro de la estructura capitalista a un patrón, institucionalizando así la figura del proxeneta como un recurso válido, y en consecuencia, legalizando el propio sistema patriarcal; sin dar lugar a que haya ningún tipo de cese de este *servicio*, pues es algo legal e integrado en sociedad sin perjuicio de la misma, sin tener por qué ser perseguido o multado –al contrario que los fines del abolicionismo a este respecto, el cual entiende la prostitución como un aspecto derivado de las circunstancias sociales, culturales y económicas, como la pobreza, cosificación, la utilización del cuerpo como producto de consumo, objeto sexual y mercancía de la que obtener rédito, que afectan a las mujeres–; más que dar lugar a la existencia de sindicatos donde las mujeres trabajadoras se organicen para conseguir mejoras respecto a la patronal, en este caso del sexo, sin importar los límites morales que transgreda al presentar el feminismo como un mero instrumento de reforma.

Partiendo de éste principio y para entender el debate que se ha generado en torno a este concepto, podemos señalar que para que la prostitución se acepte en calidad de «trabajo» como otro cualquiera –pese a su consideración del cuerpo como una mercancía en sí misma, un instrumento a la venta– previamente se debe a un esfuerzo de socialización e influencia que es ejercido por el sistema patriarcal desde la comunicación y la razón hegemónicas (en un sentido *gramsciano*), transmitiendo y difundiendo en la cultura su ideario con el que consigue que las mujeres acepten y defiendan las imposiciones que recaen sobre ellas, por la educación y estímulos recibidos en su contexto: la cosificación es empoderante, etcétera.

En consecuencia, el regulacionismo de la prostitución blanquea la explotación de las mujeres haciendo de ésta un «trabajo» más, transformando las posiciones de poder que se dan en ella – proxenetas, prostituidas– en una simple relación entre «empresarios» y «clientes», ajena a toda opresión. Por tanto, convirtiendo la prostitución en un trabajo más, además de validar y reforzar el sistema patriarcal, se blanquea la violencia que reciben las mujeres y el maltrato al que se ven sometidas a raíz de la necesidad económica como principal motor de motivación, la pobreza, la cuestión de clase y de género que le afecta.

Pero como, precisamente, esta cuestión no está exenta de la perspectiva de clase –además de género o explotación a razón de sexo–, hay que desdoblar y analizar cómo incide esta cuestión según su posición. La prostitución, si bien en su significado patriarcal significa el «servicio sexual» de la mujer al varón, compartido independientemente de la clase –es decir, estableciendo en su generalización la presentación del cuerpo femenino, y por extensión de la mujer, como un producto de consumo que cualquier hombre con dinero se puede permitir a su alcance, quedando asimismo atravesado por la dominación que éste ejerce: a más dinero, mayor acceso a un nivel o servicio determinado por la presión que el poder adquisitivo ejerce– en cualquier caso, la única posibilidad de «elegir» en ella se deriva del estatus socioeconómico. Así, tenemos tres posibilidades en cuanto a las mujeres de clase burguesa: prostitución autónoma de lujo, empresaria del sexo y turismo sexual en consumición de la misma.

En cuanto a la explotación sexual de lujo, además de ser un porcentaje minoritario, poder elegir es algo que no concibe una mujer de clase trabajadora que está sometida: cuando hay necesidad no hay libertad de elección, y no hay nada más característico del *poder* que tener al alcance los recursos necesarios para operar como uno quiere por la posibilidad de hacerlo, posibilidad que se deriva de la propia capacidad adquisitiva, la cual es excluyente de la mayoría de mujeres. Entonces, es muy distinto *introducirse* en la prostitución –o la industria del sexo en general: *cams*, pornografía, o en la actualidad a través de plataformas de suscripción y webs de venta de material erótico, íntimo y personal como *onlyfans* (un ejemplo de cómo el patriarcado se reinventa inaugurando la nueva explotación sexual virtual revestida de libertad y empoderamiento al margen de todo condicionamiento económico)– teniendo las necesidades cubiertas –y en cualquier caso, hablando de «gusto» o «interés particular» de verdad, ajeno a la dominación o influencia del contexto que lo sostiene, y no como justificación a la situación mayoritaria de explotación– que carecer de oportunidades laborales, recursos de supervivencia o sencillamente un trabajo con unas condiciones aceptables y suficientes que permitan la propia manutención, sin tener que plantear ni finalmente considerar la venta del consentimiento sexual en sus múltiples formas como una «salida» real, siendo en comparativa por sus circunstancias muy difícil que una mujer burguesa, pese a su posición en la jerarquía patriarcal por sexo, sea víctima de trata, por su posición a su vez en la sociedad de clases por el status socioeconómico que ostenta, con las respectivas consecuencias físicas y psicológicas que conlleva.

En cuanto a la figura como empresaria del sexo, bien sea creando una empresa que puede ser una productora pornográfica en la que rodar películas o contenido para adultos de forma autónoma, o como *madame* en una casa de prostitución, en cualquier caso no es sino la constatación del privilegio de clase al poder emprender un negocio que, a su vez, depende de la explotación de otras mujeres en situación de vulnerabilidad: no es falta de *sororidad*, sino, de hecho, la posición de clase más aplastante que no depende de ningún sentido de *mujeridad* o comunidad entre mujeres, sino su explotación al margen de toda pertenencia a un sexo.

En cuanto al turismo sexual, sigue siendo una determinación de clase aunque el porcentaje, ya no solo como mujeres burguesas –incluso respecto a los hombres– sea minoritario, deriva del poder del dinero, aprovechando la situación de vulnerabilidad de quienes se ven abocados a hacer lo que fuere por sobrevivir, incluso si eso implica vender su cuerpo e intimidad al mejor postor en circunstancias y culturas especialmente proletarizadas y expoliadas por un imperialismo que les abocan a ello.

Pero, ¿qué es lo que lleva a tantas mujeres (especialmente jóvenes) de clase trabajadora a ver tan atractiva o creer en la prostitución como una actividad tan distinta a la que realmente es, ajena a toda consideración patriarcal? Pensar que con ello se gana mucho dinero es tener la imagen de una mujer sin dificultades económicas que elige con quién se acuesta mientras la realidad de la inmensa mayoría sigue siendo la explotación sexual en condiciones de trata, miseria y precariedad, pero el discurso que se ha popularizado al respecto ha mantenido las distancias creando una imagen dulcificada y autónoma para llegar hasta ellas, por ejemplo, mediante el nuevo *capitalismo de plataformas* donde páginas web de prostitución online como *onlyfans* mencionadas ateriormente, responden a la evolución que el capitalismo patriarcal ha hecho de la explotación femenina en la actualidad, ahora reconvertida en *trabajo sexual*, transversal; donde se hace creer a las mujeres por medio de argumentos típicamente asociados con el liberalismo que pueden ser *sus propias jefas*, dueñas de un negocio que es su propio cuerpo, aprovechando su fuerza de trabajo para ser explotadas de forma íntima y explotar su capital sexual (que es por lo que se les valora) tanto como quieran, dependiendo de lo que los hombres paguen por ellas, en una suerte de independencia.

Aunque, en cualquier caso, que una mujer burguesa esté más cerca de consumir prostitución que de ser el rostro visible que se dedica a ella, y que quienes sufren las consecuencias de la prostitución sean las mujeres trabajadoras más precarizadas y vulnerables que se ven obligadas a ejercerla, no quita que la existencia de un *mercado sexual* en la sociedad no influya en la consideración de la mujer y su cuerpo, entendiéndose como una mercancía más, cosificada, y puesta a disposición del usuario en una relación de compra-venta, legitimando la violencia que se reproduce en consecuencia y entendiendo que el sexo solo es un elemento al que se puede poner un precio como cualquier otro objeto. Por lo que la abolición de la prostitución no solamente es necesaria para liberar y emancipar a todas las mujeres trabajadoras haciendo que no tengan que mercantilizar su propio sexo para poder vivir, sino que va más allá de la cuestión laboral (que nunca lo fue[16]), siendo imprescindible para tirar abajo esa

---

16 Podemos decir que la concepción de la prostitución como *el oficio más antiguo del mundo* solo es una forma de justificar la más

consideración capitalista y patriarcal sobre la que se erige la dominación, cultural y material.

Por tanto, podemos concluir que la prostitución –por mucho que haya tratado de disfrazarse o banalizarse– no es una actividad defendida ni compartida por el marxismo ni feminismo, siendo, de hecho, denunciada con el objetivo de acabar con la explotación y la cosificación femeninas que subyace, puesto que una mujer sometida no puede ser una mujer libre, y un hombre que consume los favores sexuales de la mitad de la humanidad no puede constriuir una sociedad emancipada.

---

antigua de las explotaciones sobre las mujeres y sus cuerpos, además de tratar de virar el feminismo hacia una corriente neoliberal que apoye la sumisión del sexo femenino por el masculino, siendo, en cualquier caso, la profesión de matrona aquello de lo que se tienen registros en la Antigüedad de ser lo más *viejo conocido*, lo que permitió la vida al hacer posible el seguimiento y la atención en el parto al asistir a las mujeres que tenían que dar a luz, aunque posteriormente el Estado desplazase a estas parteras al institucionalizar el oficio, regularizarlo y medicalizarlo (con la intervención de cirujanos y otro personal especializado, requiriendo determinados títulos, licencias y estudios a los que en la época las mujeres no tenían aceeso) evolucionando hacia una consideración menor por estar atravesado por cuestiones de género.

Conclusiones

Los seguidores del materialismo histórico rechazan la existencia de una cuestión específica a la mujer separada de la cuestión social de nuestros días. Tras la subordinación de la mujer se esconden factores económicos específicos, siendo las características naturales un factor secundario en este proceso. Únicamente la desaparición completa de estos elementos, solo la evolución de aquellas fuerzas que en algún momento del pasado dieron lugar a la subordinación de la mujer, serán capaces de influir y cambiar completamente la posición social que ocupa actualmente. En otras palabras, las mujeres pueden llegar a ser verdaderamente libres e iguales solo en un mundo organizado mediante nuevas estructuras sociales y productivas.

ALEXANDRA KOLLONTAI, *Fundamentos sociales de la cuestión femenina*

A título particular, considero que los debates ocasionados entre marxismo y feminismo –si bien legítimos y en muchos puntos enriquecedores– desde la perspectiva de la diferencia irreconciliable o consideración de quedar relegados a ser espacios antagónicos y separados que no pueden coexistir ni complementarse porque tienen objetivos diferentes, se deben a una comprensión equivocada entre el feminismo radical y el llamado *feminismo liberal* –o más bien de la intrusión de ideología dominante con el paso de los años en el movimiento feminista para despolitizarlo, dejándolo sin capacidad de acción y efecto.

Dicho lo cual, llegados a este punto no debe suponer una vacilación afirmar que el feminismo no es el espacio de lucha y justicia social que defiende los vientres de alquiler (o explotación reproductiva de las mujeres más vulnerables o precarias), la *sororidad* entendida como un concepto infantil y apolítico que une a burguesas y proletarias sin mayor distinción ni capacidad de análisis, o el hermanamiento incondicional con mujeres que ostentan y ejercen una posición de poder de forma directa contra ti o tu clase (como puede ser una jefa, más allá de que se pueda entender y poner de manifiesto que sigue siendo una mujer y puede sufrir las consecuencias propias que comparte con su sexo, pero también que te explota a razón de su posición de clase, la cual prevalezca porque la tenga en mayor consideración), sino que esta comprensión de los hechos ha sido consecuencia de la penetración de ideas afines al marco burgués para debilitar un movimiento revolucionario que tiene por objetivo la emancipación y liberación sexual de nuestra clase.

Entiendo el feminismo radical –de ir a la raíz del problema– como un apéndice del marxismo, como una ampliación de éste «aplicada a las mujeres» de una forma específica y concreta, desarrollada al detalle y más allá de la contradicción capital-trabajo para entender sus determinaciones, no sólo como clase; partiendo de una base material que ambos espacios comparten y siendo el primero forma de poner en protagonismo el sistema sexo-género y la opresión patriarcal anterior al capitalismo, muchas veces llamada *cuestión de la mujer*, y por ello entendido como un espacio temático al que no siempre se le da la relevancia que merece por verse separado de la clase obrera a la que pertenece, pues tan mala es una impresión superficial del feminismo que incide en reproducir el hermanamiento político entre mujeres al margen de la clase social (incluso haciendo suyos los discursos de corte liberal, sin importar las contradicciones que ello genere), como las posiciones reaccionarias que consideran ocuparse de y visibilizar el lugar de las mujeres como una manera de *dividir la lucha*, llevando a ambas posiciones a marcar distancias: unas debido al rechazo que genera la falta (o expulsión) de las mujeres y la masculinización de/en los espacios políticos (con las relaciones de poder que en consecuencia se generan) y otros a medio camino entre la misoginia aprendida por socialización y la consideración del feminismo como *cosas de chicas*, un movimiento de inferior categoría, que está de moda, dedicado a trivialidades y *cuidados*, que mueve a la ridiculización (o está justificado hacerlo), que carece de base sólida, que no tiene nada relevante que aportar o que hay que dejar atrás.

Aún así, si todavía me preguntan (por zanjar una falaz y oportunista cuestión de rabiosa recurrencia): «*pero... ¿[Ana Patricia] Botín es compañera o no?*», diré que la respuesta corta es no; y que la larga requiere aclarar que, si bien es cierto que entre una banquera y una proletaria se comparte la casta sexual (siendo una categoría exclusiva y propia que hace referencia a sus problemáticas históricas distinguidas, con independencia al varón) la clase social hace que nuestros intereses se diferencien y queden marcados, paralelo al contexto y modelo de producción en el que vivimos; puesto que para lo contrario (ser compañeras, aunque, ¿compañeras de qué? mi empresa es mucho más ambiciosa ya que no solo lucho por acabar con la opresión sexual a la que estoy sometida, sino también la explotación de clase; un status que personas como ella ostentan, y en consecuencia, del que se benefician, suponiendo al revés en el mejor de los casos tan solo acabar con ciertas determinaciones de género mientras la existencia del capital no se ve modificada, aunque esto último solamente se trataría de una pretendida y superficial igualdad que no resultaría con la emancipación o liberación de las mujeres al seguir manteniéndose, por otro lado, la propiedad privada, es decir: reducir las vindicaciones del feminismo a obtener una suerte de *capitalismo morado*) no depende de qué es lo que considere yo a título personal desde la individualidad, sino si la parte en situación de privilegio está dispuesta a renunciar a su status en favor de una revolución conjunta (como existen varios ejemplos en la historia de figuras clave procedentes de familia pudiente que dieron su vida, su tiempo y sus esfuerzos por la causa obrera, aún sin serlo en sus incios: desde Ernesto Guevara a Karl Marx y Friedrich Engels, los padres teóricos del marxismo propiamente) o si esto solamente podrá obtenerse arrancando dicho privilegio mediante la fuerza organizada.

Con esto, desde una perspectiva marxista, queremos decir que no puede terminar la opresión que se ejerce sobre la mujer sin caer los medios que la sustentan, y nada tiene que ver la emancipación femenina con conseguir una aparente «igualdad» de clase dentro del sistema capitalista, manteniendo las mismas estructuras de poder y, en cualquier caso, solamente beneficiando a las mujeres burguesas sustentando así la desigualdad que da pie a la existencia del techo de cristal en contraposición a los suelos pegajosos que nos afectan a la mayoría de las trabajadoras; y desde una perspectiva feminista, que mientras esté en vigencia la sociedad de clases –y en consecuencia, el aparato mediático que respalda la hegemonía machista, la socialización sexista y el contexto cultural asociado que representa–, seguirá habiendo una jerarquía entre hombres y mujeres, manteniéndose la división sexual del trabajo que lleva a las segundas a encarnar el rol reproductivo y doméstico (con lo que ello conlleva: desde asumir el papel de cuidadoras, a la crianza en la sumisión y el amor romántico, la consideración sociocultural de *la mujer* como ser inferior y dependiente que precisa de la protección y tutela del varón, etcétera), siendo necesaria la abolición de la propiedad privada, pero también del género como herramienta incuestionable de subordinación en la política misógina desde el seno materno para alcanzar la liberación buscada, por lo que su unión debe ser conjunta: porque *quien es socialista y no feminista carece de profundidad, pero quien es feminista y no socialista carece de estrategia.*[17]

---

17 Frase popularmente atribuida a Rosa Luxemburgo, que en realidad pertenece a la autora Louise W. Kneeland. Extracto de «Feminism and Socialism» pertenenciente a la conferencia «A feminist symposium», recogida en la revista *New Review* (1914) y publicada en el libro *Public Women, Public Words: a Documentary History of American Feminism, Volume II: 1900 to 1960*, Reino Unido, Rowman & Littlefield, pág 29

Bibliografía

Feminismo, género y cuestión sexual

Alario, M. (2021), *Política sexual de la pornografía*, Madrid, Cátedra

Amorós, C. (2001), *Feminismo. Igualdad y diferencia*, México, Universidad Nacional Autónoma de México

Amorós, C. (2018), *Teoría feminista. De la ilustración al segundo sexo*, Madrid, Biblioteca Nueva

Amorós, C. (1985), *Hacia una crítica de la razón patriarcal*, Barcelona, Anthropos

Beauvoir, S. (2005), *El segundo sexo*, Madrid, Cátedra

Cobo, R. (2011), *Hacia una nueva política sexual. Las mujeres ante la reacción patriarcal*, Madrid, Catarata

Cobo, R. (2017), *La prostitución en el corazón del capitalismo*, Madrid, Catarata

Contreras, M. (2019), *La prostitución de las mujeres. ¿Disidencia sexual o violencia patriarcal?*, Barcelona, Bellaterra

De Miguel, A. (2015), *Neoliberalismo sexual. El mito de la libre elección*, Madrid, Cátedra

Domingo, C. (2020), *Derecho a decidir. El mercado y el cuerpo de la mujer*, Madrid, Akal

Dworkin, A. (1974), *Woman Hating. A radical look at sexuality*, Nueva York, Penguin Books

Ekman, K. (2017), *El ser y la mercancía. Prostitución, vientres de alquiler y disociación*, Barcelona, Bellaterra

EKMAN, K. (2021), *Sobre la existencia del sexo. Reflexiones sobre la nueva perspectiva de género*, Madrid, Cátedra

FALCÓN, L. (1994), *La razón feminista*, Madrid, Vindicación Feminista

FALCÓN, L. (2000), *Mujer y poder político*, Madrid, Vindicación Feminista

FALCÓN, L. (2000), *Los nuevos mitos del feminismo*, Madrid, Vindicación Feminista

FIRESTONE, S. (1976), *La dialéctica del sexo*, Barcelona, Kairós

FRIEDAN, B. (2016), *La mística de la feminidad*, Madrid, Cátedra

JEFFREYS, S. (2011), *La industria de la vagina. La economía política de la comercialización global del sexo*, Buenos Aires, Paidós

JEFFREYS, S. (2021), *El género daña. Un análisis feminista de las políticas del transgenerismo*, Sevilla, Labrys

MACKINNON, C. (1995), *Hacia una teoría feminista del Estado*, Madrid, Cátedra

MCDOWELL, L. (2000), *Género, identidad y lugar: un estudio de las geografías feministas*, Madrid, Cátedra

MILLETT, K. (2017), *Política sexual*, Madrid, Cátedra

MIYARES, A. (2021), *Distopías patriarcales. Análisis feminista del generismo queer*, Madrid, Cátedra

PATEMAN, C. (1995), *El contrato sexual*, Barcelona, Anthropos

RICH, A. (2019), *Nacemos de mujer. La maternidad como*

71

experiencia e institución, Madrid, Traficantes de Sueños

RODRÍGUEZ, R. (2019), *La mujer molesta: feminismos postgénero y transidentidad sexual*, Madrid, Ménades

ROTTENBERG, C. (2018), *The rise of neoliberal feminism*, Reino Unido, Oxford University Press

SANDAY, P. (1986), *Poder femenino y dominio masculino. Sobre los orígenes de la desigualdad sexual*, Barcelona, Mitre

VALCÁRCEL, A. (1997), *La política de las mujeres*, Madrid, Cátedra

VALCÁRCEL, A. (2019), *Ahora, Feminismo*, Madrid, Cátedra

VARELA, N. (2019), *Feminismo 4.0. La cuarta ola*, Barcelona, Ediciones B

WOLF, N. (2020), *El mito de la belleza*, Madrid, Continta me tienes

WOLLSTONECRAFT, M. (2020), *Vindicación de los derechos de la mujer*, Barcelona, Penguin Random House

VV.AA. (1970), *Sisterhood is Powerful: an anthology of writings from the Women's Liberation Movement*, Nueva York, Vintage Books

VV.AA. (1977), *Conciencia de explotada*, Valencia, Fernando Torres - Editor

VV.AA. (2021), *El sexo en disputa. De la necesaria recuperación jurídica de un concepto*, Madrid, Centro de Estudios Políticos y Constitucionales

VV.AA. (2003), *Del sexo al género: los equívocos de un concepto*, Madrid, Cátedra

ECONOMÍA FEMINISTA Y TRABAJO DOMÉSTICO

DALLA, M. (2009), *Dinero, perlas y flores en la reproducción feminista*, Madrid, Akal

D'ALESSANDRO, M. (2018), *Economía feminista. Las mujeres, el trabajo y el amor*, Barcelona, Ediciones B

FEDERICI, S. (2018), *El patriarcado del salario. Críticas feministas al marxismo*, Madrid, Traficantes de Sueños

FEDERICI, S. (2010), *Calibán y la bruja. Mujeres, cuerpo y acumulación originaria*, Madrid, Traficantes de Sueños

FEDERICI, S. (2013), *Revolución en punto cero. Trabajo doméstico, reproducción y luchas feministas*, Madrid, Traficantes de Sueños

FEDERICI, S. (2019), *Salario para el trabajo doméstico*, Buenos Aires, Tinta Limón

FERGUSON, S. (2021), *Mujeres y trabajo. Feminismo, trabajo y reproducción social*, Barcelona, Sylone

FORTUNATI, L. (2019), *El arcano de la reproducción. Amas de casa, prostitutas, obreros y capital*, Madrid, Traficantes de Sueños

FRAU, M. (1999), *El trabajo de las mujeres. Entre la producción y la reproducción*, Valencia, Servicio de Publicaciones de la Universidad de Alicante

GÁLVEZ, L. (2016), *La economía de los cuidados*, Sevilla, Deculturas

HAYDEN, D. (1981), *The grand domestic revolution*,

73

Cambridge, Massachusetts Institute of Technology

HOCHSCHILD, A. (2021), *La doble jornada: familias trabajadoras y la revolución en el hogar*, Madrid, Capitán Swing

MARÇAL, K. (2016), *¿Quién le hacía la cena a Adam Smith? Una historia de las mujeres y la economía*, Barcelona, Debate

SÁNCHEZ, N. (2018), *Trabajo y hogar. Un análisis de género y clase en un contexto de crisis*, Barcelona, El Viejo Topo

VV.AA. (1975), *El ama de casa bajo el capitalismo*, Barcelona, Anagrama

VV.AA. (2011), *El trabajo de cuidados. Historia, teoría y políticas*, Madrid, Catarata

VV.AA. (2019), *No es amor. Aportes al debate sobre la economía del cuidado*, Buenos Aires, Indómita Luz

VV.AA. (1975), *El poder de la mujer y la subversión de la comunidad*, México, Siglo XXI

WIKANDER, U. (2016), *De criada a empleada. Poder, sexo y división del trabajo (1789-1950)*, Madrid, Siglo XXI

MARXISMO, FEMINISMO Y ESTRUCTURA SOCIAL

ARRUZZA, C. (2016), *Las sin parte: matrimonios y divorcios entre feminismo y marxismo*, Barcelona, Sylone

ARTOUS, A. (2007), *Los orígenes de la opresión de la mujer*, México, Fontamara

BARRETT, M. (1980), *Women's opression today. Problems*

in marxist feminist analysis, Londres, Verso

BEBEL, A. (2018), *La mujer y el socialismo*, Madrid, Akal

BROYELLE, C. (1975), *La mitad del cielo*, México, Siglo XXI Editores

DELPHY, C. (2023), *Por un feminismo materialista*, Barcelona, Verso

EINSENSTEIN, Z. (1980), *Patriarcado capitalista y feminismo socialista*, México, Siglo XXI Editores

ELEJABEITIA, C. (1987), *Liberalismo, marxismo y feminismo*, Barcelona, Anthropos

ENGELS, F. (2017), *El origen de la familia, la propiedad privada y el Estado*, Madrid, Akal

FALCÓN, L. (1981), *La razón feminista. La mujer como clase social y económica*, Barcelona, Libros de confrontación

GOLDMAN, E. (2017), *Feminismo y anarquismo*, Madrid, Enclave de libros

HARTMANN, H. (1981), *Women & Revolution. A discussion of the unhappy marriage of marxism and feminism*, Canadá, Black Rose Books

JIMÉNEZ, C. (1987), *La mujer en el camino de su emancipación*, Madrid, Contracanto

KANDEL, E. (2006), *División sexual del trabajo ayer y hoy: una aproximación al tema*, Buenos Aires, Dunken

KOLLONTAI, A. (2016), *Mujer y lucha de clases*, Barcelona, El Viejo Topo

KOLLONTAI, A. (1937), *El comunismo y la familia*, Barcelona, Editorial Marxista / Extracto digitalizado en el año 2002 y publicado en el portal *Marxists.org*, https://www.marxists.org/espanol/kollontai/comf am.htm

KOLLONTAI, A. (1976), *La mujer en el desarrollo social*, Barcelona, Editorial Guadarrama

KOLLONTAI, A. (1976), *La mujer nueva y la moral sexual*, Madrid, Editorial Ayuso

LERNER, G. (1990), *La creación del patriarcado*, Barcelona, Editorial Crítica

MANIERI, R. (1978), *Mujer y capital. Tribuna feminista*, Madrid, Debate

MIES, M. (2019), *Patriarcado y acumulación a escala mundial*, Madrid, Traficantes de Sueños

REICHE, R. (1969), *La sexualidad y la lucha de clases*, Barcelona, Seix Barral

RIAZANOV, J. (sin fecha), *Sexo y revolución. El amor y el matrimonio en la sociedad burguesa*, Latinoamérica, Ediciones Populares Amerindia

TRISTÁN, F. (2019), *Unión obrera*, Barcelona, ContraEscritura

TRISTÁN, F. (2019), *La emancipación de la mujer o historia de una paria*, Madrid, Ménades

VOGEL, L. (1995), *Woman questions. Essays for a materialist feminism*, Londres, Pluto Press

VOGEL, L. (2013), *Marxism and the opression of women. Toward a unitary theory*, Chicago, Haymarket Books

VV.AA. (1951), *La mujer y el comunismo. Antología de los grandes textos del marxismo*, París, Éditions Sociales

VV.AA. (2003), *Feminismo y Socialismo. Flora Tristán, Antología,* Madrid, Catarata

VV.AA. (2019), *Patriarcado y capitalismo. Feminismo, clase y diversidad,* Madrid, Akal

VV.AA. (2009), *Nuevas perspectivas para la liberación de la mujer,* Caracas, Fundación el perro y la rana

WALBY, S. (1990), *Theorizing patriarchy,* Reino Unido, Basil Blackwell

Índice